NOAH MACKAY

ASYL

Asyl

Kein Relikt von mir würde
drin gefunden,

wer ich einst war wird
verdorben.

Mein Fleischschall ist
oberflächlich gewunden

und ich bin seelisch
gestorben.

Ich kann nicht mehr
verscheiden, was wahr und
falsch ist,

meine Angst und Hass
rauben mir Vernunft.

Ich bin geschoben zum
primitiven Trieb,

denn ich will frei aus dieser
tiefen Kluft.

Wie empfinde ich so leer
binnen?

Ich ertrinke tief in meinem
Wahnsinn.

Komm, erlöse mich und
bitte hilf mir!

Keine Scherbe meiner
Stärke bleibt drin,

ich bin schwach und
hoffnungslos.

Mich jetzt und immer führt
der Wahnsinn

und ich werde jeden Tag
empfindungslos.

Der Furcht macht sich ganz
in mir breit.

Ich spüre pochend gegen
meine Schläfen

        ewige Qual und
endloses Leid.

Hier in dem Asyl kralle ich
die Wände,

die Fingernägel, blutig, und
mein Leben nur eine Lüge.

All die Menschen, die ich
liebe, spielen doch und
betrügen.

Wie kann ich meine
Menschheit wieder
bewähren?

Diese vier Jahre

CNN wird am Fernseher
gesendet,

der goldene Weg zum Oval
Office wird gottgesegnet.

Schrott und Dreck werden
vielmals zuvor gesprochen,

Das Glasoberdach wird über
uns gebrochen.

Städte und Geschäften
werden abgebrannt,

friedliche Streiten werden
aus Angst verbannt.

Hollywood ist leider
nimmermehr Zeitvertreib,

sondern auf ewigen
Kreuzweg für soziale
Gerechtigkeit.

Wenn wir's kurz danach
schon satthaben,

dann wie sollen wir uns
einander sagen:

„Alles wird sicherlich
besser sein,"

wenn Neonazis und Antifa
in der Nacht schreien?

Die Schuld wird herum
zugeschoben,

Legislaturen werden in die
Zukunft geworfen.

Sport und Wissenschaft
werden politisch,

was noch wird geschadet
und ganz hektisch?

Diese vier Jahre wurden ein Zirkus,

beendet mit dem Coronavirus.

Besoffenheit und das Lachen

sind, wie wir uns die Zeit verbrachen.

Wie werden die nächsten Jahre anders?

Von der Rückentür einschleiche Sanders.

Wehe, Amerika werde kommunistisch.

Doch der Zukunft bin ich optimistisch.

Ich bin dagegen

Du denkst, du seist höher als Gott. Du platzierst dich auf dem Schafott.

Was du denkst, bin ich dagegen.

Du glaubst, jedes Wort werde gesegnet. Die Säure wird zum Ohr geregnet.

Was du glaubst, bin ich dagegen.

Du siehst stolz deine Menschenmasse. Von diesem Verlies will ich verlassen.

Was du siehst, bin ich dagegen.

Du hörst, wir kämpfen für Blut und Boden mit, wie wir ins Land im Gleichschritt.

Was du hörst, bin ich dagegen.

Die Dummen führen die Blinden. Alle Gehirne tief ins Meer des Blödsinns versinken.

Was ihr sagt, bin ich dagegen.

Wieder der Kaiser und der Untertan. Wer ist wer, ich frage mich, ich denke dran.

Wofür ihr steht, bin ich dagegen.

In einem Zoo voller Elefanten und Eseln, sind sie die, die uns tatsächlich fesseln.

Was ihr seid, bin ich dagegen.

Ein roter Hut oder eine schwarze Maske? Mir egal, sie löschen nicht meine Laste.

Was wir haben, bin ich dagegen.

40 Jahre oder Nichts

Im Volkspalast
der Republik
spielte ein
Puppenspiel,

doch das Volk
an die Macht
war das
eigentliche Ziel.

Exerzierschritt
im
Gleichschritt,

aus dem Kreml
deutsche
Vorschrift.

Das Ende für
Lenin und Marx
ist in Sicht,

denn schaffen
wir 40 Jahre
oder Nichts.

Arbeiter und
Wissenschaftler
mit gleichem
Gehalt

ist die
übergoldene
oberflächliche
Gestalt.

Menschen
streiten und laut
schreien,

von
sogenannter
Unterdrückung
frei zu sein.

Doch rote
Revolution ist
keine Pflicht,

so schaffen wir
40 Jahre oder
Nichts.

An der Uni ist
jeder davon
überzeugt;

Professor wird
Karikatur im
Augenzeug.

Mit der Freiheit
als gegeben,

wird jeder sich
den Roten
angelegen.

Die Studenten
wissen es doch
nicht,

dazu schaffen
wir 40 Jahre
oder Nichts.

Die wahre Revolution schreien treu und stolz,

„Das West ist das Best,“

Frei von Armut und Last,

It is shit or bust!

Hirngewaschen

Man sage die Lüge wiedermal, bis es die Wahrheit werde.

Beweislose Anschuldigungen und Wutreden werden Gotteswort.

Krimineller Aufstand werde patriotisches Gottessegen.

Landweite Funktionstüchtigkeit werde gehalten vermöge eines
Wutanfalls.

Verleugne nicht, dass ihr hirngewaschen werdet.

Gesteht mal, dass ihr gelogen worden seid.

Hirngewaschen werden die Schwächsten der Geister,

sodass sie an irgendetwas Höheres glauben können.

Statt des Fernsehens werden die Tweets der Volksempfänger.

Die Schlange der Menschenschafen werde Tag um Tag länger.

„Fake News" ruft er jeden Tag, doch was fake sei, sei alles.

Er baue einen Turm seines Vermögens, dann breche er es
zusammen.

Verleugne nicht, dass ihr hirngewaschen werdet.

Gesteht mal, dass ihr gelogen worden seid.

Hirngewaschen werden die Schwächsten der Geister,

sodass sie an irgendetwas Höheres glauben können.

Füttere uns

Die Welt ist voller
Menschen,

die ihre Haustiere essen, um
zu leben.

Dort an der anderen
Weltecke

Gibt es das, was mich sehr
erschrecke:

Es wird Eilmeldung, nicht
über Weltkrieg Drei;

Über einen Hollywood
Prominentenstreit.

,Lasse die Hunde los und
trete zurück;

Schau mal, wer wird
endlich verrückt?

Hier kommt die lange
schwarze Limo;

Um zu sehen, wer fährt
drin, nehmen wir Risiko.

Jedes gesprochene Wort aus
ihnen wird geheiligt,

doch dessen Wahn und
Blödsinn verstärken
obgleich eilig.

Es wird Eilmeldung, nicht
über den Weltfrieden;

Über die, die Oscars und
Emmys letzte Nacht
kriegen.

,Lasse die Hunde los und
trete zurück;

Schau mal, wer wird
endlich verrückt?

Füttere uns mit feinster Schweinerei,

frisch von der Twitter-Metzgerei.

Statt echter Nachrichten wir davon achten,

unnötig sollen wir schwer betrachten.

Wir folgen ewig jedem deiner Schritte,

von der Wiege bis zu deinem Graben.

...Aber normal

Gegen die Wissenschaft zu stoßen... aber normal.

Damit den Faschismus einzuflößen... aber normal.

Aus dem Friedenverbund auszutreten... aber normal.

Deswegen die Mehrheit zu begegnen... aber normal.

Was als kompletter Blödsinn schien, scheint es jetzt als normal.

Dann wimmeln die Hallen und Straßen mit Furcht und Wahn überall.

Die Angst führen zu lassen... aber normal.

Den Gotteswind zu blasen... aber normal.

Damit die Diktatur gernzuhaben... aber normal.

Und sich an eurem Wissen zu laben... aber normal.

Was als komplette Scheiße schien, scheint es jetzt als normal.

Dann wimmeln alle eurer Gehirne mit der Idiotie überall.

Um das Schloss zu stürmen

Lass den Krieg beginnen,

Der Sturm brüllt binnen,

An welcher Seite wirst du
ewig und treu kämpfen?

Libertät und Demokratie
seien nur für eine Sache
gedämpft.

Ärgerliche Bürger mit
Heugabeln,

Schlachtgekreisch und
Fackeln;

Lass den Wahnsinn durch
alle eurer Hirne fluten.

Ihr sterbt für eure Ideen,
denn jede geheiligte Halle
rotbluten.

In my conscience and
morality shrieks the silent
alarm.

Gefeuert von Hass und Wut,

geführt von dem, der nichts
tut.

Er sagt irgendwas, um die
Massen aufzurühren,

dann läuft er zu seinem
weißen Haus hinweg.

Im Beifall unterzugehen,

oder gegen was
widerzustehen;

sie rauschen hierher, um das
Schloss zu stürmen.

So mancher Mensch im
Fell, als ob sie blöde
Affenknechte seien.

It's for a righteous cause, though I do not know what is right.

Will I ever come to rue what I will do tonight?

My brethren in arms, whom will we assist and whom will we
harm?

In my conscience and morality shrieks the silent alarm.

Aufgefressen

Ich sterbe lächelnd,

gegeben die falsche Hoffnung wiederaufzuerstehen.

Sag mir ‚nen Scherz,

dann lege ich mich hin und schlafe unterm Schmerz.

Die Unschuld war noch Kindheitslexus;

wenn man älter wird, dann korrumpieren wir uns.

Ich bin bereit,

Was noch tief in mir rein ist, muss sicherlich befreit.

Die Seele, empor,

dann mir ist warm und werde ich besser als nie zuvor.

Die Schönheit verdirbt, wie die Welt zerfällt.

Eleganz und Reinheit bleiben an der Ecke verzerrt.

Aufgefressen seelisch und innerlich.

Man sagt, ich sei frei; ich zöge meine Schnüre.

Längst vergessen, toterfroren und zerfetzt.

Vermöge meines Leids wird das Leben nicht wie vorgesetzt

Dies ist ein Irrenhaus

Was ist hier jetzt los? Warum ist alles herumgedreht?

Wohin ist die schönen guten alten Zeiten weggeweht?

Damals gab es edle Einfalt, mittelalterliche Ritterlichkeit.

Jetzt gibt es strenge Starrsein verkleidet als den Frauenrecht.

Schlampen an Sozialmedien sind alle wie Ballonen aufgepumpt,

zugleich an den Brüsten und auch in der Eitelkeit und dem Ego.

‚Glauben daran, dass sie jede ein schöner Stern sind.

Doch wird ihre heiße Luft raus mit nur einem Nadelsticht.

10 Mio. Likes für ein nacktes Spiegel-Selfie,

erst nur zwölf für ein schönes Gedicht.

Goldener wäre Schönheit, die an der Oberfläche steht,

als die Innere, die gekrümmt und verzerrt in der Seele verdirbt.

Polizeigewalt, ärgerlicher Einmarsch. Was ist hier los?

Faust hoch in der Luft, das wird sicherlich bedeutungslos.

„Scheiß auf die Polizei,“ „Save America,“ was soll das denn?

Kriegsrufe aus beiden Seiten, als ob's hier eine Schlacht gäb'.

Hier in diesem Irrenhaus schwanken jedermann konvulsiv,

fest in ihren Zwangsjacken, den Maulkorb eng an dem Mund.

Gewiss werden all ihre Gehirne vom Wahnsinn explosiv,

und die Augen mit Blut, Tränen und Schleim korrosiv.

The Don von Oberstem Gericht zweimal freigesprochen,

Greta Thunberg schäumt sich an Mundecken, Kristallglas wird gebrochen.

Uniprofessoren predigen ihre linksorientierte Hassrhetorik,

während sie scheitern alle Menschen, die haben's genug mit diesem Shit.

Dies ist ein Irrenhaus. Ich will lieber von hier raus.

Du wirst es leider nicht verstehen. Das werde ich nur mir gestehen.

Dies ist ein Massenverlies. Ich hab's genug mit diesem Shit.

Du denkst, dies sei ein Paradies. Das ist, wo ich meine mit.

Alles pumpt euch groß, die Münde breitgegähnt.

All der Dreck und Unsinn hereingeschoben wie erwähnt.

Jeder wird fett und ekelhaft, da gibt es nie mehr Schönheit,

denn gezeigt wird endlich die heimliche innere Hässlichkeit.

Zu dem, wer den Ruhm sehnt

Ich erinnere mich das letzte Mal nicht,

    dass ich eingesperrt worden bin.

In den Kissen lagen Rasiermesser;

die Ohren und Schläfen tiefgeschnitten worden sind.

Tote Hoffnung, alte Träume nehmen einen Halt.

Dabei bin ich allein und mir ist kalt.

    Mein Glück ist nur eine Bürde,

    die an meine Schultern drückt.

    Ich strebe immer und ziellos, das zu erreichen,

    während das über faulstem Schoss bückt.

    Denn der Vater ist reich, und die Hurenmutter leicht,

    bist du am Gipfel platziert, was ist denn passiert?

    Prinzessin, wurdest du schön gefickt?

Wahrscheinlich bin ich daran schuld,	Wenn die Bonzen zum Boden fallen,
Fürs Leben habe ich die Ungeduld.	wenn die fetten Katzen die Beine krallen,
Vielleicht zu kurz gekommen werden die mit Unschuld.	werden die Siegesrufe vom höchsten Gipfel hallen.

Denn alles wird bergab von hier. Es wird abwärts, wir werden
himmelwärts.

Postmodernismus

25

Die Straßen wimmeln vor
einem tödlichen Omen,

draußen sehe ich eine Welt
gerissen, zerbrochen.

Trauer würgt mich, mein
Herz wird angespannt.

Dieses schreckliche Gefühl
in mir soll nicht genannt.

Der Regen, der Regen
erlischt das Feuer.

Das kühle Nass fällt sanft
auf enge Haut.

Der Preis, der Preis der
Freiheit ist teuer;

Die Engel weinen und auch
schreien laut.

Die Erde bebt und die
Städte sind abgebrannt.

Massenopfern werden
geschossen gegen die
Wand.

Venenblut spritzt raus
überall und dadaistisch.

Die Peitsche kracht, die
Meister lachen sadistisch.

Der Hagel, der Hagel
erschlägt die Töter.

Das harte Eis brennt alle
Übel weg.

Der Tor der Freiheit steht
auf ohne Hüter;

Der Engelschor in der Luft
über uns prägt.

Was gibt's nach Postmodernismus?

Wir alle tun das, was wir tun muss.

Lass uns zum Frieden weiterlaufen,

oder sonst die Bösen unsre Seelen saugen.

Seht ihr die Furcht hinter unseren Augen?

Mommy Dearest

It's a daughter's dream to be like her mother.

Oh, Mommy dearest, you treat us poorly, but I love you still.

Although you neglect us and make us suffer,

You, Mommy dearest, always wanted us, yet I don't know why.

I see what is happening, but I can't comprehend.

All I feel around Mommy dearest is cold and faux,

But why does Mommy dearest always like to play pretend?

But I pretend, myself, that what is fake is real love.

Whenever the moonlight shines, my windows shine a red light.

Whenever we lay on our beds to rest, I see you leave in the night.

Tell me, what keeps you inside your room for so long?

Tell me, was it something I have done wrong?

Wenn auch immer den Mond scheint, wird das Licht am Fenster rot.

Wenn wir schlafen gehen, gehst du in der Nacht mit Müh und Not.

Sag mir, warum bleibst du längst im Schlafzimmer?

Sag mir, liebst du, liebe Mutti, immer und für immer?

Zahnfee

Liebes Amerika, kannst du
deine Kinder sehen?

Sie holen sich Äpfeln vom
Obststand fürs Abendessen.

Schönes Deutschland, wirst
du zu den Weinenden
gehen?

Wirst du sie wie zuvor
vergessen?

Die Melodie im wehenden
Wind

fragt euch, wo die armen
Menschen sind.

Seid ihr taub und blind?

Im hoffnungsvollen Schlaf
komme ich, die Zahnfee.

Verzeih mir, darf ich euch
fragen und gucken:

Hast du im Mund eine
Zahnlücke?

Kinderzähne unterm Kissen
nachts.

Manche werden zahnlos,
weil sie Hoffnung haben.

Armut weltweit, musst du
schaben, um auszuharren?

Länger wird die Schlange,
wo die Armen leise warten.

Reichtum weltweit, soll die
Gier ihren Spaß ausgehen,

werdet ihr hinab an deinem
Schatten sehen?

Elternzähne verderben noch
im Mund.

Kein Gestank vertreibt mich
doch noch. Die Sicht macht
mich trotzdem wund.

Wenn Kinder spielen auf
die Straßen, wenn sie laufen
durch die Gassen,

kann man blauäugig sehen
und denken, das Leben sei
nicht so schlecht.

Sie spielen, um das Weh zu
vergessen. Sie laufen, um
von dem zu fliehen.

Doch die Ausdauer stirbt
innerlich nie. Es ist die Zeit,
die Schnur zu ziehen!

Nächtlicher Regen

Aus dem Fenster sehe ich
den Regenfall,

wie es herunterfällt gegen
das Lampenlicht.

Ich renne draußen in nasse
nächtliche Dunkelheit,

denn es gibt mir immer
innerliche Gelassenheit.

Regenschirm oder nichts,
mir egal.

Ich bin umarmt von dem
Regenfall.

Die Kühle karessiert mich
am Rücken;

An gespannter Haut sie sich
drückt.

Vielleicht bin ich seelisch
allein,

oder habe ich ein
verdammtes Dasein.

Wenn immer ich unterm
Regen bin,

spüre ich meine verlorene
Liebe drin.

Ich bin gesperrt im Käfig
meines Rippens,

mich flüstert eine Stimme
aus dem Kissen.

Ich denke immer an die, die
ich liebe.

Dann lass nächtlicher Regen
mich verlieren.

Nächtlicher Regen fällt auf mich herab,

mich mit kühlem Kuss tauft jeder Tropf.

Die Engel weinen trauerhaft auf warmem Kopf.

Ein ruhiger Blick am nassen Himmel herauf,

,lasse mich unter kalter Gischt geduscht werden.

Bei dir wird meine Seele nimmermehr verderben.

Dazwischen auf dem Zaun

Ich sitze mich auf einem
Betonzaun,

ein Fuß hängt in der
westlichen Seite. Der
andere, in der Östlichen.

Ich gucke von heroben, und
der Himmel ist blau.

Kein Unterschied, was
westlich oder östlich ist.
Nur himmlisch.

Ich stehe auf und ich gehe
entlang fort,

die feine Reihe zwischen
Leben und Tod.

Ich bin frei, meine
Lebenswähle zu machen;

Ich renne zur Ziellinie am
Geräusch des Krachens.

Ich rieche den süßen Geruch
der Lindenbäume,

der im weichen
Sommerwind gegen die
Blätter treibt.

Ich sehe die Narben der
Geschichte, was ich gern
versäume;

Solche trage ich überall an
meinem zerrissenen Leib.

Ich stehe auf gegen den
Schmerz,

jeden Schritt melodisch mit
dem Herz.

Ich bin frei, meine
Lebenswähle zu machen;

Ich renne zur Ziellinie am
Geräusch des Krachens.

Wenn ich hinfalle, wer wird mich fangen?

Fängt die Welt mit jedem Schritt an zu bangen?

Dazwischen auf dem Zaun renne ich weit und fern.

Wenn ich hinfalle, egal in welcher Seite.

Mein Verderben kommt, wenn ich abrutsche von der Leiter.

Dazwischen auf dem Zaun renne ich lang und gern.

Nüchtern

Es gibt einen Schatten
hinter mir,

der jeden meiner Schritte
verfinstert.

Seine Gestalt bildet
Menschenform,

was ich habe zweifellos
Angst davor.

Er pirscht mich wie ein
dunkles Raubtier,

zu dessen Trieb wegen
Furcht ich mich verlier'.

Sein Einfluss flutet in mir
durch und quer,

denn ich lauere die schöne
Beute hin und her.

    Vater, warum
verlässt Du mich?

Deinetwegen bin ich allein
und verloren!

    Vater, warum
verlässt Du mich?

Ich hatte dir Glauben und
Seele geschworen.

Ich werde willig euer
Prügelknabe,

den ich am Spiegel sehe und
hasse.

Mein Willen wird von
Niederlage verdorben,

als ob ich sei schon lange
her ehrlos gestorben.

Ich vergehe tief verbunden
über den Augen,

im dicksten Nebel muss ich
den Hass verdauen.

Ich bin von obersten
Mächten außer Kontrolle
geführt,

darum habe ich längst den
Hass und Gespött gespürt.

    Mutter, warum
verlässt du mich?

Deinetwegen bin ich
gehasst und verschämt!

    Mutter, warum
verlässt du mich?

Du hast mich seelisch und
körperlich gelähmt.

Es mir genügt

Wie viele Male werdet alle
ihr untergedrückt,

wie Dreck angeschaut, von
dem, der lebensfremd ist?

Der Rücken, wund.
Trotzdem man sich ins
Gebet bückt.

Nachts fragt man mit
gefalteten Händen, wo der
Herr ist.

Ich hab's genug!

Wie viele Male werdet ihr
gesetzlich verdammt,

in Rechnungen versunken,
platziert ihrethalben im
Gefängnis?

Die Seele, verletzt.
Trotzdem führt man sich
aus dem Verhängnis.

Nachts fragt man mit
gefalteten Händen, wo der
Herr ist.

Es mir genügt!

Wünschen und Hoffen führen nirgendwohin.

Weinen und Schreien schaffen allerdings Nichts.

Wir lecken die Wunden, denn jetzt wird die Stunde.

Raus in der Kälte springe ich durchs Feuer.

Menschenseele und Venenblut sind obwohl zahllos teuer.

Frei und allein und vor allem ungesteuert.

Nimmt euch Zeit, verhaftet werden die Schleuser.

Raus in der Nacht warte ich aufs Tageslicht.

Reine Strahlen schlagen Mensch am Angesicht.

Frei, begeistert, mit Adrenalin gefeuert.

Mit der Zeit geöffnet werden die Flutschleusen.

Was die Toten sagen

Ich rufe aus zu euch,

    könnt ihr mich
hören?

Ich will die Erde beben und
euren Schlaf stören.

Ein unheiliger Eid zum
Teufel muss ich schwören.

Lass mich euren kalten
Atem an mich spüren.

    Ich bin nicht allein,
weil ich euch höre.

Was die Toten sagen, das ist
nur zwischen uns.

Schweißtropfen hageln aus
gespannter Erwartung.

Was die Toten sagen, das
wird nicht verraten,

wie die Höllengluten meine
Seele zu Asche braten.

Ich halte an euch fest,

    könnt ihr mich
fühlen?

Kommt, besitzt mich. Lasst
alle Geheimnisse sich
enthüllen.

Man lässt nicht los, wenn
alle Übel in sich füllen.

Ich höre die tiefsten
Stimmen in meinem Kopf
brüllen.

    Ich lasse nicht los,
weil ich euch fühle.

Was die Toten sagen, das ist
nur zwischen uns.

Keine Götter kommen an
der Dämmerung.

Was die Toten sagen, das
wird nicht verraten;

keine Engel meine Seele
zum Paradies zusagen.

Was die Toten sagen, das ist nur zwischen uns.

Die Erde ab jetzt in ewiger höllischer Erwarmung.

Was die Toten sagen, das wird nicht verraten;

Infizierte Risse an der Haut muss man tragen.

Dauerglotzer

Jeder Tag ist mir derselbe,

Essen und schlafen sind die
Hälften.

Jahreslang bewegungslos
wie ,ne Sau;

Kein Wunder ich habe keine
Frau.

Was ich esse, das muss
mich vergnügen.

Kekse, Kuchen werden
nicht genügen.

Ich liege gemütlich im
warmen Fett,

auf meinem
schweißbedecken Bett.

Tags glotze ich tatenlos,

Seit Reifezeit bin ich
arbeitslos.

Mein Gestank und
Selbsthass sich hissen,

wie ich wichse heftig auf
dem Leibkissen.

Hentai-Pornografie gefällt
mir sehr,

denn ich brauche viel, viel
mehr.

Oft denke ich an mich als
Zellenvergeude,

das ich jeden Tag leider
nicht leugne.

Ich schäme mich und hasse
mich, denn ist der
Wohlstand von mir fern.

Ich küsse mich und ficke
mich, denn niemand anders
tut es gern.

Ich esse viel bis ich sterbe;
das zu schaffen, dran ich
strebe.

Ja sicherlich ich verderbe,
dann kann ich am Tod
klebe.

Schwerer, schwerer ich
werde, wie ich mich tödlich
einkerbe.

Lass das Blut raus, mir ist
kalt, dann ich Mutti noch
einmal halte.

Ewige Braut

Man sehe ihn leis in den Schatten schleichen,

wie er nachts allein unterm Baum kniet.

Vor ihm schläft ein Stein hinter Nebelstreifen.

Unter Trauerheulen ‚ne einsame Träne fließt.

Dort in der Erde liegt die Truhe,

er stört jede Nacht die Totenruhe.

Mit blutigen Nägeln gräbt er erdwärts tief,

führt ihn der verblendende Trieb.

Herein stinkt die Leiche, tot und zart.

Er hält sanft den Körper zu ihm nah,

Er küsst die Lippen, eiskalt und blau.

Dazu singt er leis, himmlisch und grau: --

„Meine Liebe, so jung und ausgereift,

verlässt mich so früh. Ich kann's nicht verstehen.

Meine Liebe, wir seien nicht entzweit.

Wir sind ewig eins, das ich nur zu dir gestehe." --

Das Mädchenleib trägt schön das Brautkleid,

als ob sie wäre zu heiraten bereit.

Doch das weiße Kleid ist frisch und neu,

Dem kranken Mann habe ich Abscheu.

43

Unter Engeltränen ist das Ehepaar vereint,

Doch noch nicht vom Tode entzweit.

Er ersehnt lange, die Ehe vollzuziehen,

Dazu singt er, wie er tote Brüste kriegt: --

„Ach, gut, wie gut, dass niemand hier weiß,

du bist meine ewige Braut, schön und weiß.

Ich verlasse dich nie, ich verbringe bei dir die Nacht.

In der Finsternis fülle ich dich mit meiner Liebesmacht.“ --

Kreuzige mich

Es gibt kein Gute und Böse,

      sondern das Blinde und Wache.

Komm, nagele mich auf dem hölzernen Kreuz,

      damit ich euch von der Sünde erlöse.

Mit dem Wasser der Schuld wäscht er ihm die Hände,

wie ich tief ins Gesicht meines Verhängnisses sehe.

Die Peitsche zum Rücken gegeben, mit der Dornkrone gekrönt;

Warmes Blut läuft meine Stirn herunter, wie ich leis unterm
Schmerz stöhn'.

Ich bete zum Vater fürs Erbarmen,

      doch die Masse schenken mir die Daumen nach unten.

Ich ertrage das Kreuz in meinen Armen,

      zum Hügel an ärgerlichen Schreien und Weinen vorüber.

Jeder Hammerschlag sinkt den Nagel in mir tiefer,

Für allen voreingenommen anzusehen hochgelagert.

Die Schwerkraft zerreißt meine Muskeln und meine Venen,

wie Mütter und Frauen um mich weinen mit weichen Tränen.

Ich durste und verhungere, denn ich will kein Essig.

Wie war mein Verratspreis im Silber mäßig?

Sie lachen, wetten und spielen; sie wissen es nicht, was sie tun.

Über mich steht ein Zeichen: „Iesus Nazarenus, Rex
Iudaeorum."

Ich bete zum Vater für die Vergebung,

    doch die Wolken ziehen dunkel und brüllend.

Ich erlege mich zur Seelenerhebung,

    denn in deine Hände befehle ich meinen Geist.

Jeder Hammerschlag sinkt den Nagel in mir tiefer,

Für allen voreingenommen anzusehen hochgelagert.

Die Schwerkraft zerreißt meine Muskeln und meine Venen,

wie Mütter und Frauen um mich weinen mit weichen Tränen.

Nebel

Der Naturpfade führt zum Wald,

der Winterwind weht leis und kalt.

Ich trete rein, um fortzugehen,

Die andere Seite kann ich nicht sehen.

Ich bin auf eigene Faust.

Die Sonne scheint hier über mich,

doch die Dicke des Walds verfinstert das Licht.

Um mich schließt der Nebel mit Frauengesang,

weibliche Gestalt steht vor mir, die mir sagt;

die mir leis in mein Ohr vertraut:

„Förster, Förster, komm zu mir,

Ich bleibe ewig nur zu dir,

Pflanz mir ein Kind, wie ich auf dich lieg',

wie ich mir dein Herz und die Seele krieg'."

Ich muss nicht vom Pfade weitgehen,

doch will ich an der Nebelfrau noch ansehen.

Ich vergehe weiter ohne einen Halt,

dann weht der Winterwind leis und kalt.

Mich fürchtet das, was ich anschau'.

Nebelfrauen kommen zu mir,

eingekreist bin ich im Walde hier.

Schöne Gesichter zeigen mir hässliche Fänge,

Ich bin totzerbissen, vom Baum aufgehängt.

Soll man meine Geschichte lese,

sei vorsichtig beim Waldeingang.

Der Nebel auf dem Waldpfade

ist kein Streif, sondern Hexe.

Bleibt um euretwillen zu Hause.

Nebel, Nebel, ich komm zu dir,

Ich bleibe ewig nur zu dir,

Fass mich jetzt an, wie du auf mich liegst,

wie du an mich lieb warm ran schmiegst.

Blutwollust

Ich sehe das, was ich sehr will.

Ich komme zu dir sanft und todstill.

Ich spüre dich zittern auf der Hautrührung.

Ich habe dich doch unter meiner Führung.

Du bist mein Spielzeug, das ich gern halte,

denn ich werde dich zu meinem Willen verwalten.

Mit jeglicher Bewegung meiner Glieder

manipuliere ich dich nochmal wieder.

Du fürchtest dich vor meinem Dasein.

Ich halte deinen Mund, damit du nicht schreist.

Mich reizt es sehr, wenn du zärtlich weinst,

denn ich bleibe hier für immer dir bei.

Ich bin dein Meister, den du lieben sollst.

Dein Gekreisch im kranken Gehirn scholl.

Ich zeige dir das, was ich nur für dich biete,

denn du wirst dich sicherlich in mir verlieren.

Mein Maul verwässert, ich labe mich an deinen Sinnen.

Die Zähne werden schärfer, mein Blutwollust pocht binnen.

Ich küsse dich auf deinem Genick und zerreiß es auch auf.

Egal, wie weit du von mir rennst, weil ich dir hinterherlauf'.

Du reizt mich sehr

Rauer Trieb verfinstert immer die Vernunft,

verstärkt das Primitiv in mir.

Die Nase, hoch. Ich wittere irgendwas in der Luft.

Der süße Geruch im Wind führt mich zurück zu dir.

Die Geilheit klettert zu meiner Habgier herauf,

schläft heimlich im Willen ein.

Die Zähne, scharf. Du reichst ersehnend für mich heraus.

Gefällt mir der Geschmack deines Bluts, so rein.

Sinnlichkeit verzaubert mich zur Kluft,

hinfallen zugleich Geist und Leid.

Die Glieder, taub. Die Stimme, laut. Mach' einen Ruf.

Die Knochen bleiben steifgefroren unter Haut im Leib.

Die Lippen sind so schwarz und kalt,

küssen mich wie der Winterschnee.

Mein Herz verlangsamt, gesperrt im seelischen Halt.

Du siehst reizvoll nackt aus wie eine Wintersfee.

Du reizt mich sehr, und immer brauch' ich mehr.

Du reizt mich sehr, wie ich zu dir zurückkehr'.

Nach unsrer Liebesnacht, bitte vergiss mich nicht.

Du reizt mich sehr, wie ich mich die Sucht gebär'.

Tief in der Nacht

Ich bin süchtig nach dir geworden,

wie unsere heilige Welt wird um uns verdorben.

Jeder Traum, jede unsagbare Sucht wurden deinetwegen
geboren.

All der schönste Stern ewig um dich dreht,

wie du mich näher zu dir bewegst,

wie die Macht deiner Schwerkraft mich schleppt.

Wo auch immer ich mich wende,

sind deine Gestalt und dein Gesicht das, was ich sehe.

Am Herzen drückt sich in mir dein Gewicht,

wie die Stimme des Drangst mir spricht.

Tief in der Nacht spricht der Drang in mein Ohr:

„Love her tonight until she comes back to you nevermore."

Wir sind bloß und nackt, wie ich zu dir leise sprech':

„Love me tonight until my heart you'd surely break."

Du bist süchtig nach mir geworden,

wie deine Begierde hat deine Sinne betrogen.

Du hast doch seit dem ersten Mal zu dir selbst gelogen,

wenn du mich mit Sehnsucht schaust,

in meinen Armen nachts sein brauchst.

Wie du die Lippe mit geiler Sinnlichkeit beißt,

spannst du Muskeln und Haut zugleich.

Beim Hautanfassen atmest du schwer, mich reizt es sehr,

wie ich zärtlich deinen Körper karessiere,

wie ich gestehe zu dir meine Liebe.

Deep in the night, an inner voice speaks into my ear:

"Lieb sie heut' Nacht, bis nimmermehr kehrt sie zurück zu dir."

I stand before you, all our limbs quiver with desire:

"Lieb mich heut' Nacht, verbirg nicht hinter deinem Schleier."

Kommst du zu mir, um mich zu zerreißen,

oder um all meine Wunden zu verheilen?

Werde ich an deiner Haut toterfrieren,

oder werde ich mich in deiner Liebe verlieren?

Fremdes Gesicht am Spiegel

Meine Schöne, ich rufe zu dir in den Träumen,

denn ich will dich nicht jede Sekunde versäumen,

jegliche Sekunde siehst du da vorm finsteren Vorhang

ein anderes Antlitz dort am Spiegel zu dir gesandt.

Meine Liebe, was siehst du bei sanftem Kerzenschein?

Wer sieht an dich so lieblich und begierig, und dich allein?

Weiße enge Menschenhaut verkleidet ihn wie Winterschnee,

mit Bart und Augen genauso dunkel wie sein nächtliches Weh.

Ich bin der, den du am Spiegel in der Nacht siehst,

wie ich dir die Begierde biete, die du sehnend kriegst.

Ich sehe das Verlangen stürmend hinter deinen Augen,

denn du willst mit jedem Kuss die Seele aus mir saugen.

Komm näher, lass mich die weichen Lippen an mir fühlen.

Komm, lass mich auch alle deiner inneren Lüste enthüllen.

Die Backen sind so zart und rot wie jenes Rosenblatt.

Ich verschwinde vom Sonnenstieg, denn die Zeit wird knapp.

In der Finsternis der Nacht lässt du mich nicht los.

Unter diesen Mond entkleiden wir uns nackt und bloß.

Doch nur mein Antlitz hältst du in der Erinnerung.

Dann halt mich fest, bis kommt die Dämmerung.

Tanze mit mir

Allein steht sie auf geleuchteter Bühne,

die Furcht raubt ihr die Luft.

Die Ballerina, so rein und ohne Sünde,

sieht vorwärts an die tiefe dunkle Kluft.

Ein schwarzer Schatten schleicht hinter ein,

Er küsst sie sinnlich an ihrem Hals,

Nimmermehr ist die Ballerina allein,

denn ich schließe um ihr überall.

Ich kose dein Leib lieb, ich fühle dich zittern.

Jeder Kuss an mir blüht ein schöner blutroter Strauß.

Ich nehme ruhig deine Hand, ich höre dich mir flüstern.

Dein warmer Atem bittet mich, „Steh bei mir und tanze mit mir.“

Du siehst an mich so minniglich,

denn du hängst ab jetzt von mir ab.

Ich schütze dich, solange das Licht ist aus.

Sonst mich verstecken muss ich.

Durch diesen Tanz bleibe bei dir,

Ich gebe dir mein Ehrenwort.

Versprich mir, dass du nur mich liebst.

Verzeih mir, wenn ich lieb' dich nicht.

Ich küsse dein Leib sanft, ich fühle dich verengen.

Jeder Kuss an dir schickt kühl hinab deine Wirbelsäule.

Ich fasse dich leise an, ich höre dich mir flüstern.

Dein warmer Atem bittet mich, „Bleib bei mir und tanze mit mir.“

Ich reib dein Leib zärtlich, ich spüre dich spannen.

Unser Liebestanz wird bald vorbei sein.

Ich lass' ruhig deine Hand frei, ich höre dich mir flüstern.

Dein warmer Atem bittet mich, „Komm zurück und tanze mit mir.“

Rote Rose

Meine Liebe ist wie eine rote Rose,

so neu und schön im Juni geblüht.

Die ist auch wie ‚ne sanfte Melodie,

so süß beim Kerzenschein enthüllt.

Du bist die Schönste aller Welt,

erstaunlich verliebt bin ich.

Diese Ballade wird dir erzählt,

um dich einzuwiegen zärtlich.

Bis die Meere werden trocken,

bis jeder Stein und Fels verschmelzt,

wird meine Liebe ganz ausgegossen

wie das Blut aus meinem wunden Herz.

Wie wilde Blumen am Grün im März,

wie kühles Nass vom Himmel fällt,

bin ich in dich für immer verliebt,

bis der Tod einer von uns behält.

Erotika

Dieser Club ist eine Horrorszene,

das Zimmer, voll und zu dunkel zu sehen.

Ich nehme Platz dort auf dem langen Sofa,

dann sehe ich ein tanzendes Schönes da.

Ich sehe, wie sie ihre Lippe beißt, wie sie ihre Hüften beben so
heiß.

Ich sehe, wie sie sich sinnlich bückt, was macht mich innerlich
verrückt.

Ich stehe auf, alle Ängste sind weg, und komme ein bisschen
näher zu ihr.

Sie greift mich sofort an meinem Hemd, dann alle meine Sorgen
werden gehemmt.

Bitte, bitte, schrei nur ein bissen leiser.

Deine reine Schönheit wandelt mich zum Geiser.

Und doch, es sei genau Sodom und Gomorrha,

mich verführt dreist die junge Veronika.

Ziehe langsam hoch mal deine blonden Haare,

mich verzaubert die junge Veronika.

Aus der Toilette gehen wir erschöpft raus,

Mein Gesicht voller Schminken wie einen Rosenstrauß.

Die Ohren, taub gegen die laute Musik,

dann gehe ich zu einer einsamen Muse.

Ich sehe, wie sie dort allein sitzt, wie sie auf ersten Blick mich besitzt.

Sie trägt einen engen roten Rock, was schickt mir ein Liebesschock.

Ich stehe steif, alle Sinne sind weg, und komme ein bisschen näher zu ihr.

Ich fasse sie sanft an die Hüften an, dann die Zeit läuft langsamer voran.

Bitte, bitte, stöhn nur ein bissen lauter.

Nach deiner Begierde bin ich auf der Lauer.

Und doch, es sei genau Sodom und Gomorrha,

mich verführt dreist die reizvolle Erika.

Ziehe langsam hoch mal deine schwarzen Haare,

mich verzaubert die reizvolle Erika.

Bitte, bitte, knutsch mich ein bissen leiser.

Mich interessiert nur das, was gibt unter Kleider.

Und doch, es sei genau Sodom und Gomorrha,

mich verführen dreist die zahllosen Erotika.

Die bittersüße, schmerzvolle Liebe ist für alle da,

mich verzaubert die zahllosen Erotika.

Europäisch

Sie ist elegant hereingekommen,

in der Hand hält sie Erdbeerkompott.

Ihre Sonnenbrillen am Gesicht sind zu groß.

Man wüsste nicht, wie sie an sich dahinten anblickt.

Man solle sie ansehen, wie sie nachts die Sterne zählt.

Man wolle zu ihr gehen, bevor einer sie für sich wählt.

Sie spricht noch mit einem Akzent,

falls man doch vergisst, woher sie kommt.

Ihr Lächeln und Lachen sind gleich schön,

in einer Liebesnacht wird sie obszön.

Man solle sie ansehen, wie sie sich in die Augen sieht.

Man wolle zu ihr gehen, bevor sie zu noch einem flieht.

Sie ist europäisch. Was sie ausmacht, macht mich immer wach.

Es gibt keine wie sie, eine wahre Fantasie.

Sie ist europäisch, das macht mich ekstatisch.

Ich nehme mir die Zeit und sie zugleich in der Dunkelheit.

Ich halte sie fest im Liebesnest. Ist sie die, die sinnlich schreit?

Der Engelstaub streut auf uns, wie es hin vom Himmel schneit.

Frühling

Hier sitze ich auf der Parkbank,

und genieße den schönen Blick zum Gottesdank.

Ich rieche weiße blühenden Blumen,

spüre kühles Wehen der Windbusen,

höre glückliches Lachen und gucke Spaziergehen.

Der Frühling ist da, das kann ich deutlich sehen.

Ich nehme diesen Frühlingsbild rein,

und wundere mich, wie könnte es je schöner sein?

Doch sitze ich hier auf der Bank allein,

doch die Leere im Herzen füllt sich der Sicht mit,

wie ich unterm Gottesauge fühle die Sonnenhitze,

wie wir alle sicherlich zum Sommer zusammen im Gleichschritt.

Mir singen hübsch und leis die frühen Vögel,

rosa wird der Frühlingsstrauß am höchsten Hügel.

Ich schlafe sanft an ihrer Brust ein,

denn ich bin mit wahrer Liebe wiedervereint.

Hier sitze ich auf der Parkbank,

und verliebe in schönen Blick zum Gottesdank.

Liebe meines Lebens

I dream of a pasture speckled with many a wild bloom.

There I see a little girl frolicking, her face I once knew.

любовь моей жизни, you are still beautiful to me.

Without your loving light, I am blind to see.

любовь моей жизни, you smile at me tenderly.

You are as beautiful as beauty can ever be.

As she comes to me, I see her become a young woman.

When she touched my hand, our hearts are interwoven.

любовь моей жизни, I will not let you go.

My undying love you, I will always show.

любовь моей жизни, time ticks ever so slow,

whenever I am here with you, my love.

As time drifts forward, the young woman grows older.

After one final breath, she rests her head upon my shoulder.

любовь моей жизни, I awake from my dream.

The clouds outside loom gray and dreary.

любовь моей жизни, I return to you, my dear.

Ich bleibe hier, bis ich sterbe, immer bei dir.

Schönes Herz

Du bist ach so schön. Ich
frage mich, wie fand ich je
dich?

In mir das Herz, einen Platz
für dich.

Ich erinnere mich immer an
dich.

Du bist ach so schön. Wie
glücklich, du fandst doch
auch mich.

Wie du lächeltest und
lachtest, es wärmte von
binnen mich.

Erinnerst du dich auch an
mich?

Du bist ach so schön. Jeder
Sturm, jede Kraft, teilt uns
nicht.

Du schenkst mir mit deinem
Glanz das Liebeslicht,

von dem wird uns gegeben
in der Leere einfache Sicht.

Schöne Herzen, schwierig
zu finden.

Ich bleibe hier wartend und
leise singe.

Ich reiche weich meine
Hand zu dir;

Nimmst du die? Gibst du
die Liebe mir?

Du bist ach so schön. Du stiehlst mir reizvoll die Atemluft.

Wir küssen an den Lippen, ich fass' dich an deiner Huft.

Lass mich nicht los, ich will nicht tief hinab zur Kluft.

Dein schönes Herz ist wie 'ne Diamant,

die glänzend leuchtet am Firmament.

Lass mich dafür graben,

bevor Hass und Trauer sich daran laben.

Dein schönes Herz ist mir der Adamant,

die rein in dir wie die Weißglut brennt.

Wie Lazarus

Es ist die Zeit zu siegen!

Du bist das Tier, das an den Mundecken schäumt.

Lebensfremd, du hast die Zeiten vielmals versäumt.

Es ist die Zeit zu siegen, das habe ich längst geträumt.

Lass uns die Geister und Dämonen rausvertreiben.

Kein Kinderspiel, aber wir kreuzen unsre Herzen

und hoffen zu sterben.

Die Revolution ist hier, das ist sicherlich kein Scherz.

Hoffnungsvoll, Stolz und Macht leben dort im Herz.

Diese Diktatur ist nur der Frühlingsregen im März,

so blühen die schönen Blumen der Freiheit im Mai.

Wir beleben die Welt wieder vom Herzanschlag,

eine Stunde auf einmal wird die Nacht zum Tag.

Die Zeit kriecht langsam aus der Erwartung,

so fangt früher an ohne eine Warnung.

Junges Blut, glaubst du daran,

die Zeit läuft rasch uns voran?

Das alte Mitleid obgleich tragt alle ihr.

Nein, es sieht nur ein bisschen besser an mir.

Ich brenne dich nieder wie ein Phönix,

auferstehe dich wieder wie Lazarus.

Berlin ruft an

Das Flugzeug setzt vom Kopenhagen in Berlin auf,

ich rasch von manchen Verrückten aus der Kabine lauf'.

Ich küsse den Erdboden und ruf' „Gottseidank, ich lebe
noch,"

um zu erkennen, ich hab' das Gepäck vergessen doch.

Zwei Stunden vergehen, ich schwitze schwer, weil es keine
Klimaanlage gab,

dann hole ich mir das Gepäck. Ach, wie könnte es noch
weiter bergab?

Oh, Berlin, Berlin. Was hast du noch im Ärmel für mich?

Was für Überraschungen hast du noch nur für mich?

Hello, Google. Where is the nearest train stop?

Hello, Google. Where can I find some condoms?

Guten Tag, Berlin ruft an. Schönen Tag, wie kann ich dir
helfen?

Eins-achthundert, diese Verbindung ist gestört;

Ich bin in Not, dann Berlin ruft an.

Nur vier Wochen, um drei Kurse fertig zu schaffen,

noch vieles zu tun, einschließlich zu viele Exkursionen.

Alles passt schön trotz dieser Überlastung, doch es gibt
auch manche Situationen:

38-Grad-Wetter; eine Erkältung; und das Ziel, mit einem
Mädchen zu beschlafen.

Zeit ist jedem Menschen relativ. Ich werde sicherlich die
Stadt vermissen.

Also, ich muss mich wieder heim nach Amerika verpissen.

Oh, Berlin, Berlin. Hast du einen Platz im Herz auch für
mich?

Was für Überraschungen hast du noch übrig für mich?

Hello, Google. Where is the nearest place to eat?

Hello, Google. Where can I find some girls to meet?

Guten Tag, Berlin ruft an. Schönen Tag, wie kann ich dir
helfen?

Neun-neun-eins, Dies ist die Polizei;

Ich bin in Not, dann Berlin ruft an.

All-American Badass

Let me tell you a story of an American badass.

He was a plumber's boy who had some class,

Born in the Steel City with natural gridiron grit.

An alpha male mentality that doesn't give a shit.

Bar brawls and eighties rock all through the night,

With endless freedom in his sight.

Das war mein Vater; dieser Apfel fällt nicht weit vom
Stamm.

Ich bin keiner der delikaten Schneeflecken,

sondern einer davon, die sie toterschrecken.

Durch und durch bin ich typisch Amerikanisch,

doch heutzutage ahnt das leider als satanisch.

Messer- und Gewehrhalter und Rotfleischesser,

je früher ich mit den Jungs kneipen, desto besser.

Mittlerweile wird es spät; 23 Uhr und schwerregend.

Scheiße drauf! Alles sei verdammt!

Wenn ich meine Augen zumache

Manchmal, wenn ich lang und tief an mein Spiegelbild
sehe,

wundere ich mir selbst, ob du allein an mich auch denkst.

Sag mir, worauf warte ich? Warte ich auf dich oder habe
ich Angst,

dieser Angst davor, weiterzugehen und dich zu vergessen?

Wenn ich meine Augen zumache, ist die Welt um mich zu
schwarz verschwunden.

Wenn ich meine Augen zumache, sehe ich dich dicht und
sanft an meiner Brust.

Immer, wenn ich lang und tief in der Dunkelheit vergehe,

wünsche ich mir, dass du zu mir kommst und mich rettest.

Deine Gestalt spukt mich in meinen Gedanken. Ist es du
oder nicht?

Wenn ich zu dir hinausreich', falle ich weit weg von
deinem Licht.

Wenn ich meine Augen zumache, ist das Schwarze um
mich zugeschlossen.

Wenn ich meine Augen zumache, sehe ich dich fern und an
mich herabschauen.

Wirst du dich an mich erinnern? Nein, die Zeit bläst dein
Bild zu Körnen weg.

Wirst du mich wiederlieben? Nein, der Wind bitter und
eiskalt starkweht.

Der Sand der Zeit wird vorwärtstreiben; der Pfeil wird
nicht herumgedreht.

Wenn ich je noch einen Wunsch habe, dann will ich dich in
zärtlicher Rührung.

Wenn ich meine Augen zumache, ist deine Gestalt immer
bei mir geblieben.

Wenn ich meine Augen zumache, sehe ich dich dicht und
sanft an meiner Brust.

Erinnere dich an mich

Einst waren wir eins,

    jetzt sind wir längst entzweit.

Dein Schatten nah verweilt,

    sich vom Selbst entgleist.

Ich bleibe noch treu.

Wahrheit beißt kalt und scharf,

    wie Eisenketten an enger Haut.

Das Gewicht des Herzeleids wiegt fest.

    Ich weine und schreie laut.

Mich nimmt die Reue.

Wer kann mich von mir retten?

Wer kann immer bei mir sein?

Mir scheint es, ich bin allein.

Hier kommt mir rasch die steigende Welle,

die an der Küste schäumend bricht.

Tief in gequälter Menschenseele,

da gibt es kein warmes Licht.

Ich bitte nur dich mindestens, erinnere dich an mich.

Reue

Sie, wunderschön und
lächelnd;

Ich, bedauernd und
schämend.

‚Halte mal ein Bild von dir.
Mein Herz, schwer.

Ich kann dich nicht
ausradieren. Mein Glück,
leer.

Meine Wunden werden sich
nicht verheilen,

ich bitte dich auf schwachen
Knien, mir zu verzeihen.

Leise Stimmen, betäubende
Stille;

Das Vakuum entzweit; die
Kälte, breit.

Ich versuch, nach dir zu
heulen. Keine Antwort.

Ich laufe rasch zu dir, aber
du schickst mich fort.

Es gab Liebe, als wir uns
einander trafen.

Wie kann ich die
Nachlässigkeit verkraften?

Ich sehe dein Antlitz, dann
bläst es sich weg.

Im Schwarze gucke ich
daran, was im Herzen steht.

Ich sehe dich in Armen
eines gesichtslosen Manns.

Wäre das Gesicht meins,
dann du schmiegst an mich
ran.

Wahrscheinlich gibst du mir
das, was ich dir gab.

Lass mich nicht hier
erfroren und verzerrt im
Untergrab.

Lass deine warmen Strahlen
auf mich herab.

Komm bitte zu mir und
erlöse mich.

Ein leerer Traum

Dein Geruch kam zu mir wieder

aus unsäglichen Gedanken von unten.

Eine Träne fiel langsam nieder,

denn ich sah dich küssen an meinen Wunden.

Uns, wir sind wiedervereint, wie ein Engel um mich weint.

Mir die Hand an dich, ich leg'. Dann deine Gestalt wischt sich
weg.

Unterm Regen meiner Trauer ist das Leben ein leerer Traum.

Meine Tränen nassen jedes Bild weg. Um mich einschließt ein
finsterer Raum.

Ihr Halt auf mich blieb dabei,

durch die Zeiten war ich nie frei.

Über mich schien kein Sonnenschein,

dann nehme ich mir, was war einst meins.

Unsre Verbindung, entzweit, wie ein Engel um mich weint.

Meine Ketten, ich endlich zerbrech'. Dann laufe ich zum
Horizont weg.

Unterm Regen meiner Trauer ist das Leben ein leerer Traum.

Meine Tränen nassen jedes Bild weg. Um mich einschließt ein
finsterer Raum.

Gottverdammt

Im Gefängnis deines Geistes bist du verhungert und allein.

Die Ketten an dir wiegen schwer; der Wahnsinn, sehr.

Jede Stimme deiner Geliebten hageln wie dein kalter
Schweiß,

Kein Licht der Hoffnung regnet herunter; keine Liebe, kein
Wunder.

Jetzt lass der Wahnsinn dich nimmt,

      was ist jetzt bestimmt.

Selbstzerstört und selbstkorrumpiert;

Nur die Scherben innerer Stärke.

Selbstgespött und selbstentflammt;

Die Hoffnung sei gottverdammt.

In den Flammen verlassen.

Es gibt keinen Ausweg, denn wir sind gottverdammt.

Kein Entrinnen.

Es gibt keine Pflege, denn wir sind gottverdammt.

Durchsichtbar

Ich tue mir den Mund auf, um zu sprechen.

Jedes Word fließt raus, doch sie sind stimmlos.

Bin ich taub? Hören sie mich gut? Was ist los?

Ich reiche zu dir hinaus, um die Stille zu brechen.

Jeder Finger tritt dich durch, als ob du aus Nebel seist.

Bin ich wach? Bin ich nicht? Bin ich intakt oder ein Geist?

Nimm mich an, lehn mich ab. Kann ich das Leben entsagen?

Lieb mich oder hass mich. Kann ich das Leid weiter ertragen?

Unerwünscht. Ich bin der, wen alle ihr verzichtet.

Als ob ich nie lebig wäre, bin ich durchsichtbar.

Ich gehe raus auf der Straße, um zu spazieren.

Aber jedermann tritt mich wie Nichts durch.

Ist es ein Traum? Echter Raum? Mich nimmt der Furcht.

Ich schreie laut, niemand sieht es passieren.

Ich empfinde mich entarten, wie mein Gehirn sich entgleist.

Bin ich wach? Bin ich nicht? Bin ich intakt oder ein Geist?

Fass mich an, schieb mich ab. Kann ich das Leben entsagen?

Lieb mich oder hass mich. Kann ich das Leid weiter ertragen?

Ungeliebt. Ich bin der, wen alle ihr verzichtet.

Als ob ich nie lebig wäre, bin ich unsichtbar.

Ich bin's wieder

Ich bin die dunkle Wolke,
die die Sonne austilgen.

Man kann mich als Bote der
Schade und des Unglücks
gelten.

Ich schlitze es, um es bluten
zu sehen.

Ich schlage es, um es
schreien zu hören.

Ich bin der Teil jedes
Gewissens, der nicht
genannt werden muss.

Du siehst Schönheit, ich
sehe Hässlichkeit;

Du siehst blauen Himmel,
ich sehe grünen Schimmel.

Ich bin's wieder.

Ich bin der unsterbliche
Zorn, der stärker in dir
pocht.

Ich zerre dich, wie du den
Boden krallst und weinst, ab
zum schwarzen Loch.

Ich würge seine Kehle, um
es atmen zu spüren.

Ich zerbreche seinen Hals,
um schnellen Tod
durchzuführen.

Ich bin der Teil jedes
Gewissens, der nicht
genannt werden muss.

Du siehst Schönheit, ich
sehe Hässlichkeit;

Du siehst blauen Himmel,
ich sehe grünen Schimmel.

Ich bin's wieder.

In der Kälte deiner Angst

würgt dich schmerzvoll ein Drang.

Als ob in grausamem Gesang

weht durch die Sinne ein Gestank.

Dreh dich langsam um, meine Liebe;

Du wirst sehen, ich bin's wieder.